BEI GRIN MACHT SICH IHR WISSEN BEZAHLT

AF167314

- Wir veröffentlichen Ihre Hausarbeit,
  Bachelor- und Masterarbeit

- Ihr eigenes eBook und Buch -
  weltweit in allen wichtigen Shops

- Verdienen Sie an jedem Verkauf

Jetzt bei www.GRIN.com hochladen
und kostenlos publizieren

Beweglichkeits- und Koordinationstraining. Verminderung von Nackenschmerzen und Leistungssteigerung

Selina Glaubitz

Bibliografische Information der Deutschen Nationalbibliothek:

Die Deutsche Nationalbibliothek verzeichnet diese Publikation in der Deutschen Nationalbibliografie; detaillierte bibliografische Daten sind im Internet über http://dnb.d-nb.de abrufbar.

ISBN: 9783346607942
Dieses Buch ist auch als E-Book erhältlich.

© GRIN Publishing GmbH
Nymphenburger Straße 86
80636 München

Druck und Bindung: Books on Demand GmbH, Norderstedt Germany
Gedruckt auf säurefreiem Papier aus verantwortungsvollen Quellen

Das vorliegende Werk wurde sorgfältig erarbeitet. Dennoch übernehmen Autoren und Verlag für die Richtigkeit von Angaben, Hinweisen, Links und Ratschlägen sowie eventuelle Druckfehler keine Haftung.

Das Buch bei GRIN: https://www.grin.com/document/1182981

Deutsche Hochschule für
Prävention und Gesundheitsmanagement
Hermann Neuberger Sportschule 3
66123 Saarbrücken

Einsendeaufgabe

Fachmodul: Trainingslehre III

Studiengang: Gesundheitsmanagement Bachelor

Datum
Präsenzphase: 16.-18.03.2020

Name, Vorname: Glaubitz, Selina

Studienort: **München**

Semester: **SS 18**

Inhaltsverzeichnis

1.PERSONENDATEN 3

2.BEWEGLICHKEITSTESTUNG 3

3.TRAININGSPLANUNG BEWEGLICHKEITSTRAINING 6

4.TRAININGSPLANUNG KOORDINATIONSTRAINING 13

5.LITERATURRECHERCHE...16

6.LITERATURVERZEICHNIS 18

7.TABELLENVERZEICHNIS 20

1. Personendaten

Alter	21 Jahre
Geschlecht	weiblich
Körpergröße	166 cm
Körpergewicht	56 kg
Trainingsmotive	• Verminderung von Nackenschmerzen • Leistungssteigerung durch bessere Beweglichkeit
Berufliche Tätigkeit	Mitarbeiterin im Fitnessstudio, sieben Stunden pro Tag, davon ca. drei Stunden sitzend und vier Stunden stehend / gehend
Sportliche Aktivitäten	• Seit sieben Jahren 2x pro Woche mit jeweils ca. 90 Minuten Fußballtraining im Amateurbereich (Linksfuß) • Seit eineinhalb Jahren 2x pro Woche mit jeweils ca. 60 Minuten Krafttraining im Leistungsbereich des Hobby- und Gesundheitssports
Zeitlicher Verfügungsrahmen	Für sportliche Aktivitäten insgesamt ca. sechs Stunden pro Woche, speziell für das Beweglichkeits- und Koordinationstraining ca. eine Stunde pro Woche
Allgemeiner Gesundheitszustand	Sehr gut, keine orthopädischen oder internistischen Probleme oder andere gesundheitliche Einschränkungen
Bewertung der Belastbarkeit und Trainierbarkeit	Gute Belastbarkeit und Trainierbarkeit durch langjährige Trainingserfahrung

2. Beweglichkeitstestung

Im Folgenden wird die Durchführung einer Beweglichkeitstestung in Anlehnung an die Muskelfunktionsüberprüfung nach Janda (2000) mit der oben beschriebenen Testperson erklärt. Zuerst wird die Brustmuskulatur, genauer der M. pectoralis major, getestet. Hierzu befindet sich die Testperson in Rückenlage mit angewinkelten Beinen und aufgestellten Füßen. Diese Stellung soll eine Fixierung des Beckens und der Lendenwirbelsäule auf der Unterlage gewährleisten. Wird diese Haltung nicht beibehalten, wird das Testergebnis verfälscht. Die Hand des Testers fixiert den Oberkörper und übt leichten Zug in diagonaler Richtung aus, von der Körpermitte der zu testenden Seite weg. Der Arm, der getestet werden soll, ist im Ellbogen um 90° gebeugt, im Schultergelenk abduziert und außenrotiert. Gemessen wird jetzt die Position des Oberarmes in Referenz zur Horizontalen. Als zweites erfolgt die Testung der Hüftbeugemuskulatur, im Speziellen des M. iliopsoas. Der Proband liegt in Rückenlage so auf der Unterlage, dass das Gesäß mit der Kante der Liege abschließt und die Beine frei überhängen. Jetzt wird ein Bein angewinkelt und so weit wie möglich an den Körper herangeführt. Diese Stellung wird sowohl durch Zug der Testperson als auch optional durch leichten Druck des Testers stabilisiert. Hierdurch wird die Fixierung des Beckens und der Lendenwirbelsäule erreicht, ohne die das Testergebnis verfälscht wäre. Das andere, zu testende Bein bleibt in der Überhang-Position. Als Messergebnis zählt die Position des Oberschenkels des frei hängenden Beines im Verhältnis zur Horizontalen. Als nächstes wird die Kniestreckmuskulatur, im Besonderen der M. rectus femoris, getestet. Auch hier nimmt die Testperson eine Rückenlage ein, sodass das Gesäß mit der Liege abschließt und die Beine im Überhang sind. Nun zieht der Proband ein Bein so nah wie möglich an den Körper und fixiert es dort mit seinen Händen. Hierdurch soll wieder ein Abheben des Beckens oder der Lendenwirbelsäule und somit eine Manipulation des Testergebnisses verhindert werden. Das zu testende Bein wird jetzt vom Tester zuerst im größtmöglichen Extensions-Winkel in der Hüfte fixiert und dann so weit wie möglich im Knie gebeugt. Somit wird der M. rectus femoris in seiner vollen Ausdehnung getestet, da er sowohl die Extension im Kniegelenk als auch die Flexion im Hüftgelenk ausführt. Das Messergebnis ergibt sich aus dem Kniebeugewinkel. Wichtig ist hierbei, dass der Unterschenkel nicht durch die Auflagefläche in seiner vollen Bewegungsamplitude limitiert wird. Danach erfolgt die Testung der Kniebeugemuskulatur, also der Mm. ischiocrurales, bestehend aus M. semimembranosus, M. semitendinosus und M. biceps femoris. Die Testperson befindet sich in Rückenlage mit aufgestellten Füßen und angewinkelten Beinen. Nun führt der Tester ein Bein in die größtmögliche Flexion des Hüftgelenks. Wichtig ist, dass das Kniegelenk dieses Beins gestreckt ist, vom Tester nicht auf die Patella gedrückt wird, zudem muss das nicht getestete Bein in der Ausgangslage bleiben. Weiter ist die Fixierung des Beckens und der Lendenwirbelsäule auf der Liege zu beachten. Durch die Streckung des Kniegelenks können die zweigelenkigen Mm. ischiocrurales anhand des Hüftbeugewinkels getestet werden. Messpunkte sind also die Beinachse und Horizontale. Als letztes wird die Wadenmuskulatur, genauer Mm. triceps surae, also M. gastrocnemius und M. soleus, getestet. Hierzu liegt der Proband mit einem angewinkelten Bein auf dem Rücken. Das andere Bein streckt er aus, sodass die distale Hälfte des Unterschenkels nicht mehr auf der Liege aufliegt. Eine Hand des Testers greift nun das Fersenbein des zu testenden, gestreckten Beins und übt einen distalen Zug an der Ferse aus. Die andere Hand greift von der Fußaußenkante, der Daumen liegt dabei am Vorfuß und lenkt diesen mit leichtem achengerechten Druck Richtung Schienbein. Wichtig ist, am äußeren Fußrand und nicht in der Mitte der Fußsohle zu drücken, um eine reflektorische Anspannung der Mm. triceps surae zu verhindern. Außerdem ist der Zug an der Ferse elementar für ein korrektes Messergebnis. Gemessen wird die Bewegungsamplitude der Dorsalextension. Die Testung kann an dieser Stelle noch spezifiziert werden. Um isoliert den M. soleus zu testen, wird nach dem Erreichen der maximalen Dorsalextension das Kniegelenk gebeugt und der Tester versucht, die Extension im oberen Sprunggelenk noch zu vergrößern. Durch die Flexion im Kniegelenk wird der zweigelenkige M. gastrocnemius, der auch an der Beugung im Knie beteiligt ist, für die Testung „ausgeschaltet". Soll also der M. gastrocnemius getestet werden, muss das Kniegelenk in der Extension fixiert sein.

Tab. 2: Ergebnisse und Bewertung der Beweglichkeitstestung

Testübung	Normwerte (nach Janda, 2000)	Testergebnis	Bewertung
	Für alle Testungen: Stufe 0: keine Beweglichkeitsdefizite Stufe 1: leichte Beweglichkeitsdefizite Stufe 2: deutliche Beweglichkeitsdefizite		
Testung der Brustmuskulatur	Stufe 0: Bewegung des Oberarms bis zur Horizontalen, durch leichten Druck des Testers auch weiter Stufe 1: Oberarm erreicht Horizontale nur durch leichten Druck des Testers Stufe 2: Oberarm erreicht Horizontale gar nicht	Links: 0 Rechts: 0	Sehr gutes Ergebnis, da die Bewegung ohne Einschränkung möglich ist
Testung der Hüftbeuge-muskulatur	Stufe 0: Bewegung des Oberschenkels bis zur Horizontalen, durch leichten Druck des Testers auch weiter Stufe 1: Leichte Hüftbeugestellung, Bewegung des Oberschenkels bis zur Horizontalen nur durch leichten Druck des Testers Stufe 2: Oberschenkel erreicht Horizontale gar nicht	Links: 0 Rechts: 0	Sehr gutes Ergebnis, da die Bewegung ohne Einschränkung möglich ist

Testübung	Normwerte (nach Janda, 2000)	Tester gebnis	Bewertung
Testung der Kniestreck-muskulatur	Stufe 0: Unterschenkel hängt senkrecht, durch leichten Druck des Testers Verringerung des Beugewinkels Stufe 1: Unterschenkel ist leicht nach vorne gestreckt, Erreichung des 90° - Winkels aber durch leichten Druck des Testers Stufe 2: 90° - Winkel im Kniegelenk wird gar nicht erreicht	Links: 0 Rechts: 1	Insgesamt gutes Ergebnis, allerdings laterale Unterschiede. Die Beweglichkeit der linken Kniestreck-muskulatur ist sehr gut, rechts sind Beweglichkeitsdefizite zu messen.
Testung der Kniebeuge-muskulatur	Stufe 0: Beugung im Hüftgelenk bis zum rechten Winkel möglich Stufe 1: Beugung im Hüftgelenk nur zwischen 80 und 90° möglich Stufe 2: Beugung im Hüftgelenk nur unter 80° möglich	Links: 1 Rechts: 1	Leichte Beweglichkeitsdefizite beidseitig
Testung Waden-muskulatur	Stufe 0: Winkel zwischen Fuß und Unterschenkel beträgt höchstens 90°, Dorsalextension also mindestens bis zur 0° Stellung Stufe 1: Dorsalextension möglich, aber nicht bis zur 0° Stellung Stufe 2: Dorsalextension nur bis 10° unter der 0° Stellung möglich	Links: 0 Rechts: 1	Keine Beweglichkeitsdefizite links, rechts leichte Bewegungseinschränku ng.

Insgesamt ergibt die Beweglichkeitstestung ein gutes Ergebnis. Die Bevorzugung des linken Beins im Fußballtraining wirkt sich auf die Beweglichkeit der rechten Körperseite, vor allem in den Beinen, aus. Das erkennt man an den leichten Bewegungsdefiziten der M. rectus femoris und Mm. triceps surae, die jeweils nur auf der rechten Seite auftreten. Zudem erkennt man Beweglichkeitsdefizite beidseits in der Ischiocruralmuskulatur. Deswegen soll der Fokus des Beweglichkeitstrainings auf M. rectus femoris, Mm. triceps surae und Mm. ischiocrurales liegen.

3. Trainingsplanung Beweglichkeitstraining

Im Folgenden wird ein Beweglichkeitstraining für die Testperson entsprechend ihrer Ziele, Voraussetzungen und Beweglichkeitsstatus geplant. Für die unilateralen Übungen (alle außer 6. und 9.) gilt, dass die beide Seiten gedehnt werden.

1. Dynamisch - passive Dehnung der Mm. triceps surae, bestehend aus M. gastrocnemius und M. soleus: Ausgangsposition dieser Übung ist der Stand. Ein Bein wird ge-

streckt nach hinten gestellt, sodass die Fußsohle komplett den Boden berührt. Das vordere Bein wird leicht gebeugt. Jetzt wird der Oberkörper leicht nach vorne geneigt, sodass er mit dem Oberschenkel des hinteren Beins eine Linie bildet. Wichtig ist, dass die Zehen beider Füße nach vorne zeigen. Um die Dehnposition einzunehmen, wird das vordere Bein stärker gebeugt, sodass sich der Körperschwerpunkt weiter nach vorne verlagert und der Winkel zwischen Boden und Unterschenkel des hinteren Beins kleiner wird. In dieser Haltung wird kurz verharrt, für die dynamische Arbeitsweise wird diese Dehnpostition dann durch eine leichte Streckung des vorderen Beins wieder leicht gelöst und dann erneut eingenommen. Dieser Wechsel zwischen Dehnung und Lösen wird mehrmals wiederholt.

2. Dynamisch - passive Dehnung der Mm. ischiocrurales, bestehend aus M. biceps femoris, M. semitendinosus und M. semimembranosus: Die Übung startet im Stand. Zunächst werden beide Beine leicht gebeugt und das Gesäß etwas nach hinten unten gesenkt, wobei die Wirbelsäule ihre physiologische Krümmung beibehält. Aus dieser Position wird ein Bein gestreckt, in einer leichten Schrittstellung die Ferse nach vorne aufgesetzt, während das hintere Bein gebeugt bleibt. Um die Dehnposition einzunehmen wird jetzt der Oberkörper nach vorne geneigt und das Becken gekippt. Nach kurzer Haltedauer wird das Becken wieder aufgerichtet, die Dehnung so gelöst, um dann erneut in die Dehnposition durch das Kippen des Beckens zurückzukehren. Dieser Wechsel zwischen Dehnung und Lösen werden mehrmals wiederholt.

3. Dynamisch - passive Dehnung des M. quadriceps femoris, im Besonderen des M. rectus femoris: Die Übung startet im Stand. Zuerst wird ein Bein nach hinten angewinkelt, sodass die Ferse in Richtung Gesäß geführt wird. Hier wird das Bein durch die Hand derselben Körperseite knapp oberhalb des Sprunggelenks gehalten. Zum Einnehmen der Dehnposition wird das Becken gekippt und die Ferse von der Hand maximal zum Gesäß gezogen. Wichtig ist, dass die Oberschenkel in dieser Haltung parallel verlaufen und das Knie des gedehnten Beins nach unten zeigt, während das Standbein leicht gebeugt ist. Diese Postion wird kurz gehalten, für die dynamische Arbeitsweise wird das Becken dann gleich wieder leicht aufgerichtet und der Zug am Sprunggelenk etwas reduziert, dann wird die Dehnposition wieder eingenommen. Dieser Wechsel wird mehrmals wiederholt.

4. Dynamisch - passive Dehnung der Hüftbeugemuskulatur, genauer des M. iliopsoas und des M. rectus femoris: Die Ausgangsposition dieser Übung ist der Einbein-Kniestand. Hierbei berührt ein Knie und Unterschenkel den Boden, der Fuß des anderen Beins ist in einer Schrittstellung davor aufgestellt, das Knie gebeugt, sodass es hinter den Zehenspitzen bleibt. Die Hände stützen auf dem Oberschenkel des aufgestellten Beins. Um in die Dehnposition zu gelangen, wird das Becken abgesenkt, der Körper nach vorne unten geschoben, sodass sich der Schwerpunkt in diese Richtung bewegt. Der Oberkörper bleibt währenddessen in der aufrechten Haltung. Hier wird kurz verharrt, dann wird die Dehnung durch eine Verschiebung des Körperschwerpunkts nach hinten oben wieder etwas gelöst und dann wieder eingenommen. Dieser Wechsel wird mehrmals wiederholt.

5. Statisch - passive Dehnung der Glutealmuskulatur, genauer des M. gluteus maximus, M. gluteus medius und M. gluteus minimus: Bei dieser Übung wird in Rückenlage gestartet. Ein Bein ist angewinkelt aufgestellt. Das andere Bein wird in der Hüfte außenrotiert zum Körper gezogen und der Unterschenkel wird auf dem Oberschenkel des angewinkelten Beins aufgelegt. Jetzt greifen beide Hände die Oberschenkelrückseite des aufgestellten Beins und ziehen Richtung Thorax, sodass sich der Fuß vom Boden hebt. Diese Dehnposition wird mehrere Sekunden gehalten.

6. Postisometrisches - aktives Dehnen der Mm. erector spinae: Die Übung beginnt im Vierfüßlerstand. Zuerst wird eine leichte Dehnposition eingenommen, indem durch aktive Kontraktion der Bauchmuskulatur die Wirbelsäule nach oben gebeugt wird und so ein sogenannter Katzenbuckel entsteht. Dann wird die Wirbelsäule durch Kontraktion der Rückenmuskulatur nach unten gestreckt, die Brust zeigt dabei nach unten-vorne, der Blick geht nach unten. Diese Position wird für ca. 6-10 Sekunden gehalten. Anschließend wird die Rückenmuskulatur für ungefähr 2-3 Sekunden entspannt. Dann wird durch die aktive Kontraktion der Bauchmuskulatur in die Dehnposition übergegangen. Diese Position wird für ca. 15 Sekunden statisch gehalten. Danach wird die Rückenmuskulatur wieder angespannt, entspannt und erneut gedehnt. Dieser Wechsel wird mehrmals wiederholt.

7. Statisch - passives Dehnen des M. latissimus dorsi, des M. obliquus externus und M. obliquus internus: Bei dieser Übung wird im Stand, etwas breiter als hüftbreit, be-

gonnen. Die Arme werden über Kopf gestreckt, wird zuerst die rechte Seite gedehnt, greift die linke Hand am rechten Handgelenk. Um die Dehnposition einzunehmen, wird der Oberkörper zur Seite geneigt. Wichtig ist hierbei, den Oberkörper aufgerichtet zu lassen, die Fersen nicht vom Boden abzuheben und auf eine gerade Beinachse zu achten. Die Dehnung kann durch Zug der linken Hand nach oben noch verstärkt werden. Diese Position wird statisch gehalten.

8. Statisch - passives Dehnen des M. pectoralis major: Ausgangsposition dieser Übung ist der Stand vor einer Wand, sodass das Gesicht zur Wand zeigt. Der zu dehnende Arm wird im Schultergelenk auf Schulterhöhe abduziert und außenrotiert, zudem im Ellenbogengelenk um 90° gebeugt. Der Oberarm wird jetzt an der Wand angelegt, hierbei zeigen die Zehenspitzen des gegenüberliegenden Fußes in Richtung der nicht zu dehnenden Seite. Um die Dehnposition zu erreichen wird der Oberkörper von der Wand weggedreht. Diese Haltung wird für mehrere Sekunden statisch gehalten.

9. Dynamisch - aktives Dehnen des M. trapezius und der Mm. rhomboidei: Die Übung startet im Stand. Zuerst werden die Arme gestreckt in Schulterhöhe vor den Körper geführt und die Hände verschränkt. Um die Dehnposition zu erreichen, werden die Schulterblätter aktiv nach vorne gezogen und der Kopf nach vorne geneigt. Wichtig ist hierbei, dass die Schulterblätter nicht nach oben gezogen werden. In dieser Haltung wird kurz verharrt, für die dynamische Arbeitsweise wird dann wieder der Kopf leicht gehoben und die Schulterblätter ein wenig nach hinten geführt, dann wird die Dehnposition erneut eingenommen. Dieser Wechsel wird mehrmals wiederholt.

10. Statisch - aktives Dehnen des M. trapezius pars descendens: Auch bei dieser Übung wird im Stand gestartet. Zuerst wird der Kopf zur Seite geneigt, dann wird die Schulter der Seite, die der Kopfneigung gegenüberliegt, aktiv nach unten gezogen. Dieser Zug entsteht durch den gestreckten Arm dieser Seite, der nach unten geführt wird. Diese Dehnposition wird mehrere Sekunden gehalten.

Im Kontext des Belastungsgefüges soll zunächst auf die Dehndauer eingegangen werden. Für die statischen Übungen wird eine Dehndauer von 30 Sekunden festgelegt. Aus der Übersicht mehrerer Studien von Lindel (2010) ist zu erkennen, dass trotz heterogener Studienlage die Tendenz zu einer Dehndauer zwischen 15 und 30 Sekunden geht. Kay und Blazevich (2008) konnten zudem zeigen, dass eine längere Dehndauer (> 15

Sekunden) größere Effekte auf die maximal erreichte isometrische Spannung hat. Als Schluss dieser beiden Erkenntnisse werden 30 Sekunden geplant. Für die dynamischen Übungen gilt, dass der Wechsel zwischen Dehnung und Lösen mit elf Wiederholungen durchgeführt wird. Sowohl Weydra und Glück (2002) als auch Glück (2005) zeigen, dass ab der elften Wiederholung, „keine nachweisbare Vergrößerung" der maximalen Bewegungsamplitude mehr erreicht wird. Bei der postisometrischen Arbeitsweise wird der Wechsel zwischen Anspannen, Entspannen und Dehnen drei Mal wiederholt. Bei einer Dehndauer von 15 Sekunden pro Wiederholung entspricht das einer gesamten Dehndauer von 45 Sekunden. Darüberhinaus wird keine weitere Vergrößerung der Bewegungsamplitude mehr erwartet. Diese Darstellungen gelten für eine eigenständiges Dehntraining. Wird das Dehnen ins Fußball- oder Krafttraining in das Auf- oder Abwärmen integriert, sollten die Dehnzeiten deutlich kürzer (bis zu 10 Sekunden) sein, um eine gute Durchblutung und somit ungehinderten Stoffwechsel nicht zu hemmen (Freiwald, Engelhardt, Konrad, Jäger & Gnewuch, 1999). Bezüglich der Intensität unterscheiden sich statische und dynamische Übungen ebenfalls. Es sollen beim statischen Dehnen zwar möglichst hohe, aber trotzdem submaximale Reize gesetzt werden, die über die Dehndauer permanent gehalten werden. Freitas et al. (2015) konnten zeigen, dass durch eine höhere Intensität bei statischem Dehnen die Bewegungsreichweite noch weiter gesteigert werden kann als durch niedrigere Intensitäten. Allerdings zeigt die Literaturübersicht von Lindel (2010), dass in der Praxis sowohl „angenehme Spannung" als auch „bis an die Grenze der Schmerzempfindung" empfohlen werden. Die Tendenz geht aber dazu, eine hohe Spannung zu fordern, allerdings nicht an die Schmerzgrenze des Sportlers zu gehen. Die Intensität kann beim dynamischen Dehnen entsprechend höher sein, da der Dehnreiz immer nur punktuell gesetzt wird. Für eine kürzere Zeit sind höhere Intensitäten besser zu ertragen und so kann die Intensität fast das Maximum erreichen. Das entspricht dem Ergebnis der Studie von Marshall (1999), dass ein maximaler Dehnreiz größere kurzfristige Effekte erzielt als eine submaximale Intensität. Ebenso soll der Reiz beim postisometrischen Dehnen möglichst hoch sein, am besten durch eine Vergrößerung der Bewegungsamplitude bei jeder Wiederholung. Die Anzahl der Sätze ist für alle Dehnmethoden dieselbe. Alle Übungen werden mit vier Sätzen trainiert. Die Häufigkeit pro Woche orientiert sich hauptsächlich am zeitlichen Verfügungsrahmen der Testperson. Am effektivsten wäre es, das Beweglichkeitstraining täglich durchzuführen, deswegen wird versucht, so oft wie möglich das Dehntraining in den (Trainings-) Alltag einzubauen. Aus der jeweiligen Dehndauer und der Satzzahl ergibt sich eine reine Trainingszeit von ca. 34 Minuten. Da die Testperson eine Stunde für das Beweglichkeits- und Koordinationstraining investieren möchte, ist nur eine Trainingseinheit pro Woche möglich. Allerdings lässt sich das Beweglichkeitstraining ebenso in das Kraft- oder Fußballtraining integrieren, z.b. als Auf- oder Abwärmprogramm, sodass eine eigenständige Trainingseinheit und viermal pro Woche die Integration ins Training möglich ist. Die Übungsauswahl ist durch die Ergebnisse der Beweglichkeitstestung, die sportliche Aktivität und die Ziele der Testperson begründet. Da keine gesundheitlichen Einschränkungen vorliegen, muss hierauf in der Trainingsplanung nicht sonderlich geachtet werden. Insgesamt werden durch die ersten fünf Übungen die Muskelgruppen des Beckengürtels und der unteren Extremitäten gedehnt. Grund hierfür ist die verstärkte Beanspruchung dieser Muskulatur durch das Fußballtraining. Zwar ist die Studienlage bezüglich der Verletzungsprophylaxe durch das Dehnen sehr differenziert, jedoch „können Verletzungen der Muskulatur, insbesondere Muskelzerrungen und -risse (...) durch eine zu geringe Beweglichkeit mit verursacht werden" (Marschall & Ruckelshausen, 2004). Die Bewegungsreichweite kann durch sämtliche Dehnprogramme nachweislich gesteigert werden (Schönthaler & Ohlendorf, 2002), deswegen wird großen Wert auf die Dehnung der unteren Extremität gelegt. Zudem ergab die Beweglichkeitstestung leichte Bewegungsdefizite der M. rectus femoris, Mm. triceps surae, und der Ischiocruralmuskulatur, weshalb diese Muskelgruppen in der Trainingsplanung natürlich ebenfalls priorisiert werden, was auch daran zu erkennen ist, dass die Übungen gleich zu Beginn des Dehnprogramms eingeplant werden, gemäß den Trainingsprinzipien. Diese Übungen werden zudem passiv durchgeführt. Vorteil hierbei ist, dass der Sportler die Dehnung sehr gut steuern kann. Es ist deutlich einfacher, die Dehnung zu intensivieren oder zu lockern, indem der Körperschwerpunkt verschoben wird oder der Zug der Hand vergrößert oder verkleinert wird, als den Antagonisten im richtigen Maße anzuspannen. Außerdem wird durch die passive Dehnung gewährleistet, dass die Intensität bis an das Maximum heran reicht, denn bei einigen Muskelgruppen kann es durchaus sein, dass die Antagonisten zu schwach sind, um durch ihre Kontraktion eine ausreichend starke Dehnung im Agonisten zu erzielen. Ein weiterer Vorteil der passiven Dehnung ist die Einfachheit der Anwendung. So kann auch im Aufwärmprogramm eine Dehnung eingebaut werden, obwohl der gedankliche Fokus auf dem bevorstehenden Training liegt. Auch die folgenden Dehnübungen der Mm. erector spinae und der M. latissimus dorsi, des M. obliquus externus und M. obliquus internus hat den Hintergrund, dass die Testperson im Fußball möglichst beweglich sein soll. Durch die schnellen Bewegungswechsel und vielen komplexen Bewegungsabläufe ist eine möglichst bewegliche Rumpfmuskulatur unabdingbar. Des Weiteren trägt die Dehnung dieser Muskelgruppen zu einer entspannteren Rumpfmuskulatur bei. „Das durch Dehnen gesteigerte Wohlbefinden, das Gefühl, entspannte Muskeln zu besitzen bzw. das generelle Empfinden des Entspanntseins" (Klee & Wiemann, 2012) vor allem im Rumpf soll eventuellen Verspannungen durch längeres Sitzen entgegenwirken. Genauso können so auch die Nackenschmerzen durch die letzten drei Übungen, der Dehnung des M. pectoralis major, der M. trapezius und der Mm. rhomboidei und des M. trapezius pars descendens reduziert werden. Bezüglich der ersten fünf, sehr Fußball-spezifischen Übungen, wird darauf geachtet, die dynamische Arbeitsweise anzuwenden. Das liegt daran, dass die Versorgung der Muskulatur durch den Blutfluss besser ist als bei statischer Dehnung (Freiwald et al., 1999). Außerdem konnte nach Wydra und Glück (2002) eine größere Steigerung der Hüftflexion durch dynamisches als statisches Dehnen festgestellt werden. Diese zwei Faktoren sind entscheidend, um das Dehnprogramm auch in Kombination mit dem Fußball- oder Krattraining auszuführen. Bei den anderen Übungen wird zwischen dynamischer, statischer und postisometrischer Arbeitsweise abgewechselt, um sowohl eine gewisse Variabilität mit einzubauen, vor allem aber um der Testperson die Möglichkeit zu geben, manche Muskeln noch besser wahrzunehmen. Besonders beim statischen Dehnen kann die Konzentration vollkommen in die gedehnten Muskeln gelenkt werden und so bewusst die Intensität erspürt werden. Ein großer Vorteil der postisometrischen Arbeitsweise ist, dass die Testperson merken soll, wie sich die Bewegungsamplitude bei jeder Bewegung vergrößert. So bekommt sie ein Gefühl für den eigenen Körper, welche Bewegungsreichweite möglich ist. Das ist vor allem bei den Mm. erector spinae natürlich sehr interessant zu beobachten, da diese Extension und Flexion der Wirbelsäule im Alltag sehr selten in dieser Form ausgeführt wird.

4. Trainingsplanung Koordinationstraining

Neben der Planung des Beweglichkeitstrainings soll nun die Trainingsplanung für die motorische Fähigkeit Koordination erfolgen. Dazu wurden folgende Übungen ausgewählt. Für alle Übungen gilt, dass die Ausführung barfuß und die Modellierung des kurzen Fußes nach Janda (Häfelinger & Schuba, S. 76, 2009) empfohlen wird.

1. Kniebeuge auf dem Bosu, runde Seite, mit geschlossenen Augen: Ausgangsposition dieser Übung ist der hüftbreite Stand auf dem Bosu-Ball. Nachdem das Gleichgewicht stabilisiert ist, werden die Augen geschlossen und zunächst wieder versucht, ohne visuelle Kontrolle eine stabile Körperhaltung einzunehmen. Dann wird die Hüfte und die Knie gebeugt und so mit geschlossenen Augen eine Kniebeuge ausgeführt. Der Oberkörper bleibt dabei parallel zu den Unterschenkeln. Um diese Körperhaltung zu üben, kann die Bewegung zuerst mit geöffneten Augen vor einem Spiegel durchgeführt werden. Die Arme können dabei zur Stabilisierung des Gleichgewichts während der Abwärtsbewegung des Körperschwerpunktes gleichzeitig gestreckt vor dem Körper nach oben bis auf Schulterhöhe geführt werden. Der untere Umkehrpunkt sollte die maximale Range of Motion (ROM) der Testperson zulassen. Ist dieser Punkt erreicht, wird durch die Extension in den Kniegelenken und den Hüftgelenken und gleichzeitiges Absenken der Arme wieder die Ausgangsposition eingenommen.

2. Ausfallschritt auf Bosu: Beim Start dieser Übungen befindet sich der vordere Fuß mittig auf der runden Seite des Bosu-Balls, der hintere Fuß, nur auf dem Ballen, in einer Schrittstellung der Beine dahinter auf dem Boden. Zu Beginn ist das hintere Bein gestreckt, das vordere leicht gebeugt. Jetzt wird der Körperschwerpunkt senkrecht nach unten verlagert, indem beide Beine gleichzeitig gebeugt werden. Die Arme werden dabei in die Seiten gestemmt, beim Erlernen der Übung können sie auch zur besseren Stabilisierung zur Seite gestreckt werden. Der Umkehrpunkt ist erreicht, wenn das Knie des hinteren Beins beinahe den Boden berührt. Wichtig ist hierbei, dass während des Bewegungsablaufes beide Beine in ihrer Beinachse bleiben. Der Oberkörper bleibt außerdem aufrecht. Durch Streckung der Knie- und Hüftgelenke wird dann wieder in die Ausgangsstellung zurückgekehrt.

3. Ausfallschritt mit dem vorderen Fuß auf dem Bosu und dem hinteren auf einem Airex-Kissen: Wie 2., allerdings befindet sich der hintere Fuß(-ballen) jetzt auf einem Airex-Kissen anstatt auf dem Boden.

4. Standwaage einbeinig auf dem Bosu: Ausgangsposition dieser Übung ist der einbeinige Stand mittig auf der runden Fläche des Bosu-Balls. Das Spielbein ist dabei zunächst in einem 90°-Winkel der Hüfte und im Knie vor dem Körper, die Arme zur Seite gestreckt. Jetzt wird der Oberkörper nach vorne geneigt bis er parallel zum Boden ist, wobei die physiologische Krümmung der Wirbelsäule beibehalten wird. Gleichzeitig wird das Spielbein nach hinten geführt, die Winkel in Hüfte und Knie bleiben dabei zunächst unverändert, bis der Oberschenkel ebenfalls parallel zum Boden ist. Zuletzt wird das Spielbein im Knie komplett gestreckt. Um in die Ausgangsposition zurückzukehren, wird das Knie des Spielbeins wieder bis zum 90°-Winkel gebeugt und nach vorne geführt, während sich der Oberkörper aufrichtet.

5. Standwaage einbeinig auf dem Bosu mit geschlossenen Augen: Wie 4., allerdings erfolgt die Übung mit geschlossenen Augen.

6. Kniestand auf dem Fitball: Die Ausgangsposition dieser Übung ist der Stand mit dem Fitball vor dem Körper. Der Ball wird mit beiden Händen gehalten. Jetzt wird ein Knie und Unterschenkel leicht seitlich am Fitball aufgelegt und das Gewicht auf dieses Bein und die Hände so verteilt, dass kein Gewicht mehr auf dem Standbein lastet. Dann kann das zweite Bein ebenfalls vom Boden gelöst werden und mit Knie und Unterschenkel seitlich auf dem Ball positioniert werden. Ist das Gleichgewicht in dieser Position stabilisiert, wird das Körpergewicht immer mehr auf die Beine verlagert, bis die Hände sich vom Fitball lösen können. Dann wird der Oberkörper in eine aufrechte Haltung gebracht und schließlich das Becken aufgerichtet. Diese Endposition wird gehalten.

7. Kniestand auf dem Fitball mit geschlossenen Augen: Wie 6., allerdings wird die Endposition mit geschlossenen Augen gehalten.

8. Kniestand auf dem Fitball mit Ball gegen die Wand werfen: Wie 6., allerdings wird in der Endposition ein leichter Medizinball mehrmals gegen eine Wand geworfen und wieder gefangen.

9. Vierfüßlerstand auf dem Fitball: Bei dieser Übung wird im Stand mit dem Fitball vor dem Körper gestartet. Die Hände liegen seitlich vor der Mitte auf dem Ball. Jetzt wird zuerst ein Fuß seitlich hinter der Mitte des Balles platziert und das Körpergewicht so auf Hände und diesen Fuß verteilt, dass kein Gewicht mehr auf dem Standbein lastet. Jetzt kann der Fuß des zweiten Beines ebenfalls auf dem Fitball positioniert werden, sodass er neben dem anderen Fuß und hinter der Hand der gleichen Seite steht. In dieser Haltung soll der Oberkörper möglichst gerade sein und das Körpergewicht gleichmäßig auf Hände und Füße verteilt. Diese Endposition wird gehalten.

10. Stehen auf dem Fitball: Ausgangsposition dieser Übung ist der Vierfüßlerstand auf dem Fitball. Zunächst wird das Körpergewicht so auf Hände und einen Fuß verteilt, dass der andere Fuß vom Ball gelöst und mittig etwas seitlich am Ball positioniert werden kann. Dabei sind die Knie gebeugt. Durch Umverteilung des Gewichts auf Hände und bereits positionierten Fuß, kann auch der zweite Fuß aufgestellt werden. Nun wird immer mehr Körpergewicht auf die Füße verlagert, sodass die Hände langsam vom Ball gelöst, Beine gestreckt werden können und der Oberkörper aufgerichtet werden kann. Endposition dieser Übung ist der aufrechte Stand auf dem Fitball.

Die Übungen sind auf einem hohen Leistungsniveau anzusiedeln. Das liegt in der sportlichen Tätigkeit der Testperson begründet. Durch regelmäßiges Training im Fußball und im Kraftsport mit freien Gewichten ist zu erwarten, dass die koordinativen Fähigkeiten der Person geschult sind. Die Schwierigkeit der Übungen wird im Sinne einer Übungsreihe durch mehrere Parameter immer weiter erhöht. Das geschieht durch die Verkleinerung der stabilen Unterstützungsfläche, das Schließen der Augen und des Einsetzens manueller Widerstände. Ein weiterer Parameter ist der Stand auf erhöhtem Grund. Durch die zusätzliche Vorsicht, nicht zu fallen, wird der Schwierigkeitsgrad nachweislich gesteigert und größere Effekte erzielt (Zemková, 2014). Die Übungen beziehen sich hauptsächlich auf die Stabilisierung der unteren Extremität, da das Koordinationstraining nachweislich präventive Effekte auf Verletzungen am vorderen Kreuzband hat (Erdrich, 2020). Generell konnte in dieser Studie auch eine „verbesserte(...) statische(...) Gleichgewichtskontrolle im Einbeinstand" des nichtdominanten Beines durch propriozeptives Training gezeigt werden.

Zur Trainingshäufigkeit muss gesagt werden, dass es schwierig ist, das Training öfter als einmal pro Woche als eigenständiges Training in den Alltag der Testperson zu integrieren. Auch in das Fußballtraining kann das Koordinationstraining kaum integriert werden, da Hilfsmittel benötigt werden. Es ist allerdings sinnvoll, in das Aufwärmprogramm des Krafttrainings die propriozeptiven Übungen zu integrieren. Die Belastungsdauer der einzelnen Übungen ist sehr von der Übungsausführung der Testperson abhängig. Entscheidend ist, dass die Qualität der Ausführung oberste Priorität hat, sobald eine Übung nicht mehr sauber ausgeführt werden kann, muss sie abgebrochen und ggf. von Neuem begonnen werden. Dementsprechend kann die Wiederholungszahl laut Häfelinger und Schuba (2013) bei 5-30 Wiederholungen liegen. Die Haltedauer bei statischen Übungen kann demnach auch variieren zwischen 5-60 Sekunden. An dieser Stelle wird empfohlen, die Übung in der korrekten Bewegungsausführung zu erlernen und dann nach und nach die Belastungsdauer zu steigern, stets unter der Maxime der Erhaltung der Bewegungsqualität. Ebenso verhält es sich mit der Anzahl an Sätzen. Die Testperson muss voll konzentrationsfähig sein, um das Koordinationstraining korrekt auszuführen. Zu Beginn wird deshalb empfohlen, nur 1-2 Sätze durchzuführen, werden die Übungen dann beherrscht, kann die Anzahl an Sätzen bis auf fünf gesteigert werden. Als Pausenzeit zwischen den Sätzen werden > 45 Sekunden empfohlen.

5. Literaturrecherche

Tab. 3: Ergebnisse der Literaturrecherche

	A pragmatic randomised trial of stretching before and after physical activity to prevent injury and soreness.	Effects of Static and Dynamic Stretching on Injury Prevention in High School Soccer Athletes: A Randomized Trial.
Autor	Jamtvedt G., Herbert R., Flottorp S., Odgaard-Jensen J., Håvelsrud K., Barratt A., Mathieu E., Burls A., Oxman A.	Zakaria A., Kiningham R., Sen A.
Erscheinungs-jahr	2010	2015

	A pragmatic randomised trial of stretching before and after physical activity to prevent injury and soreness.	Effects of Static and Dynamic Stretching on Injury Prevention in High School Soccer Athletes: A Randomized Trial.
Forschungs-frage	Welche Effekte hat Dehnen vor und nach sportlicher Aktivität im Hinblick auf das Verletzungsrisiko und Schmerzempfinden?	Welchen Vorteil hat statisches Dehnen nach einem dynamischen Aufwärmen in Bezug auf die Verletzungsprophylaxe bei Highschool Fußballspielern?
Stichprobe	2377 Erwachsene, die regelmäßig Sport treiben	499 studentische Fußballer nahmen teil, 465 vollendeten die Studie
Versuchs-aufbau	Zufällige Aufteilung der Erwachsenen in eine Kontrollgruppe und eine Versuchsgruppe. Die Studie verläuft über zwölf Wochen, in denen beide Gruppen wöchentlich ihre Ergebnisse bezüglich Verletzungen und Schmerzen protokollieren. Die Versuchsgruppe führt in diesen zwölf Wochen vor und nach jedem Training sieben statische Dehnübungen für die untere Extremität und den Rumpf durch, jeweils mit einer Dehndauer von 30 Sekunden. Die Kontrollgruppe führte kein Dehntraining durch.	Die Fußballmannschaften wurden zufällig zwei Gruppen zugeteilt: Versuchsgruppe eins, bestehend aus zwölf Mannschaften, führte ein dynamisches Dehnprogramm durch. Gruppe zwei, bestehend aus zehn Mannschaften, ein dynamisch und statisches Dehnprogramm. Gemessen wurden die Verletzungen der unteren Extremität, des Rumpfes und des unteren Rückens pro Mannschaft.
Ergebnisse und Schlussfolge-rungen	Das Dehnen führt weder zu klinisch bedeutsamen noch zu statistisch signifikanten Reduktionen des Verletzungsrisikos. Allerdings konnte das Schmerzempfinden durch Dehnen reduziert werden (durchschnittliches Auftreten von Schmerzen pro Woche in der Versuchsgruppe 24,6% und 32,3% in der Kontrollgruppe). Außerdem führt das Dehnprogramm zu einer Reduktion des Verletzungsrisikos an Muskeln, Bändern und Sehnen (0,66 Verletzungen pro Person pro Jahr in der Versuchsgruppe und 0,88 Verletzungen in der Kontrollgruppe). Die Autoren der Studie kommen zu dem Schluss, das Dehnübungen vor und nach dem der sportlichen Aktivität das allgemeine Verletzungsrisiko nicht senken, aber wahrscheinlich zur Prophylaxe spezieller Verletzungen beitragen und das Risiko bedeutsamen Schmerzempfindens senken.	In der ersten Gruppe, die das dynamische Dehnprogramm absolvierte, traten 17 Verletzungen (1,42 ± 1,49 Verletzungen / Mannschaft) auf. In der zweiten Gruppe waren es 20 Verletzungen (2,0 ± 1,24 Verletzungen / Mannschaft). Es gab keinen statistisch signifikanten Unterschied an Verletzungen in den zwei Gruppen. Somit schlussfolgern die Autoren der Studie, dass es keinen Unterschied zwischen einem statischen und einem kombinierten dynamisch-statischen Dehnprogramm bezüglich der Prophylaxe von Verletzungen an den unteren Extremitäten, des Rumpfes und des unteren Rückens bei männlichen, studentischen Fußballspielern gibt. Die statischen Übungen als Ergänzung des dynamischen Dehnens vor dem Training bieten keinen zusätzlichen Mehrwert in der Verletzungsprophylaxe dieser Population.

6. Literaturverzeichnis

Erdrich, S. (2020). *Verletzungsprophylaxe im Leistungssport: Spezifische Trainingseffekte auf biomechanische Risikofaktoren von Kreuzbandverletzungen.* Wiesbaden: Springer Fachmedien Wiesbaden.

Freitas, S. R., Vilarinho, D., Rocha Vaz, J., Bruno, P. M., Costa, P. B., & Mil-homens, P. (2015). Responses to static stretching are dependent on stretch intensity and duration. *Clinical Physiology and Functional Imaging, 35* (6), 478–484.

Freiwald, J., Engelhardt, M., Konrad, P., Jäger, M., & Gnewuch, A. (1999). Dehnen Neuere Forschungsergebnisse und deren praktische Umsetzung: Neuere Forschungsergebnisse und deren praktische Umsetzung. *Manuelle Medizin, 37* (1), 3–10.

Glück, S. (2005). *Beeinflussung der Beweglichkeit durch unterschiedliche physische und psychische Einwirkungen.* Dissertation, Universität des Saarlandes. Saarbrücken.

Häfelinger, U., & Schuba, V. (2009). *Koordinationstherapie – Propriozeptives Training* (4. überarb. Aufl.). Aachen: Meyer & Meyer Verlag.

Jamtvedt, G., Herbert, R. D., Flottorp, S., Odgaard-Jensen, J., Håvelsrud, K., Barratt, A., Mathieu, E., Burls, A., & Oxman, A. D. (2010). A pragmatic randomised trial of stretching before and after physical activity to prevent injury and soreness. *British Journal of Sports Medicine, 44* (14), 1002–1009.

Janda, V. (2000). *Manuelle Muskelfunktionsdiagnostik* (4. Aufl.). München: Urban & Fischer.

Kay, A. D., & Blazevich, A. J. (2008). Reductions in active plantarflexor moment are significantly correlated with static stretch duration. *European Journal of Sport Science, 8* (1), 41–46.

Klee, A., & Wiemann, K. (2012). Dehnen. Training der Beweglichkeit (2., überarb. Aufl.). Schorndorf: Hofmann Verlag.

Lindel, K. (2010). Grundlagen der Muskeldehnung. In K. Lindel (Hrsg.), *Muskeldehnung* (S. 1–34). Berlin, Heidelberg: Springer Berlin Heidelberg.

Marschall, F., & Ruckelshausen, B. (2004). Dient Dehnen der Verletzungsprophylaxe? Eine qualitative Metaanalyse. *Spectrum, 16* (1), 31–47.

Schönthaler, S. R., & Ohlendorf, K. (2002). *Biomechanische und neurophysiologische Veränderungen nach ein- und mehrfach seriellem passiv-statischem Beweglichkeitstraining.* Köln: Sport & Buch Strauss.

Wydra, G., & Glück, S. (2002). Dynamisches Dehnen in der Sporttherapie? *Gesundheitssport und Sporttherapie, 18,* 124–128.

Zakaria, A. A., Kiningham, R. B., & Sen, A. (2015). Effects of Static and Dynamic Stretching on Injury Prevention in High School Soccer Athletes: A Randomized Trial. *Journal of Sport Rehabilitation, 24* (3), 229–235.

Zemková, E. (2014). Sport-Specific Balance. *Sports Medicine, 44* (5), 579–590.

7. Tabellenverzeichnis

Tab. 1: Personendaten der Testperson...3

Tab. 2: Ergebnisse und Bewertung der Beweglichkeitstestung............................5-6

Tab. 3: Ergebnisse der Literraturrecherche..16-17